JESUS
DER GALILÄER/1

GEZEICHNET VON RÜDIGER PFEFFER

collection b

In diesem Band sind die folgenden Geschichten aus dem Lukas-Evangelium enthalten:

ISBN 3-438-04319-X

Der Text folgt weitgehend »Bibel in heutigem Deutsch«

Konzeption: Rüdiger Pfeffer
Beratung: Hannelore Jahr
Einband: Rüdiger Pfeffer
Lettering: Marc Musenberg

Printed in Hong Kong 1997

LUKAS SCHREIBT AN THEOPHILUS
SCHON VIELE HABEN VERSUCHT, DIE EREIGNISSE DARZUSTELLEN, DIE GOTT UNTER UNS GESCHEHEN LIESS UND DIE WIR DURCH DIE BERICHTE DER AUGENZEUGEN KENNEN...
TIP
TIP TIP
TIP TIP TIP TIP TIP TIP
TIP TIP TIP

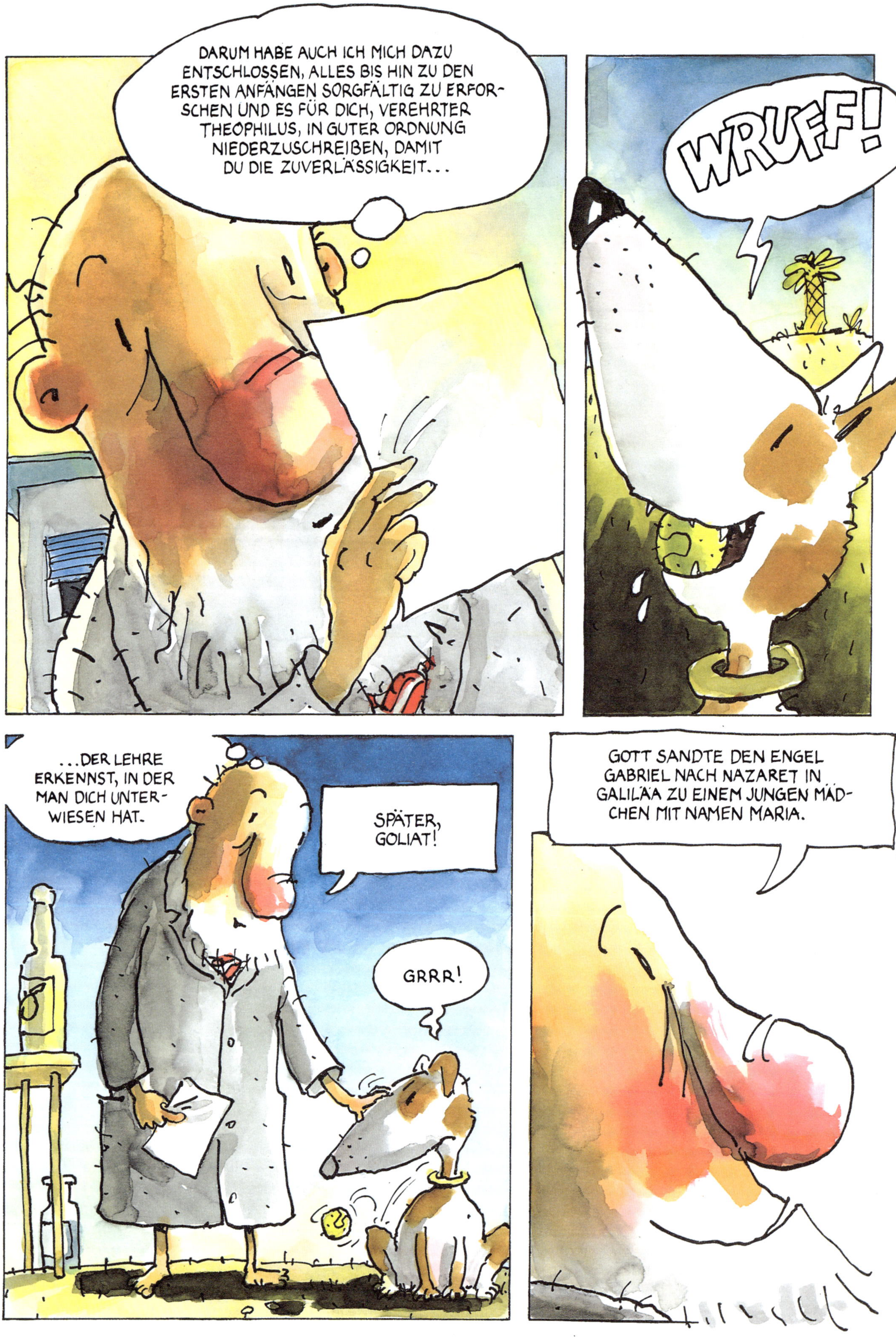
DARUM HABE AUCH ICH MICH DAZU ENTSCHLOSSEN, ALLES BIS HIN ZU DEN ERSTEN ANFÄNGEN SORGFÄLTIG ZU ERFORSCHEN UND ES FÜR DICH, VEREHRTER THEOPHILUS, IN GUTER ORDNUNG NIEDERZUSCHREIBEN, DAMIT DU DIE ZUVERLÄSSIGKEIT...
WRUFF!
...DER LEHRE ERKENNST, IN DER MAN DICH UNTERWIESEN HAT.
SPÄTER, GOLIAT!
GRRR!
GOTT SANDTE DEN ENGEL GABRIEL NACH NAZARET IN GALILÄA ZU EINEM JUNGEN MÄDCHEN MIT NAMEN MARIA.

SIE WAR VERLOBT MIT EINEM MANN NAMENS JOSEF, EINEM NACHKOMMEN DAVIDS.
CLICK!
...UND WERDEN DAS POKALSPIEL ZWISCHEN NAZARET UND JERUSALEM LIVE UND IN VOLLER LÄNGE ÜBERTRAGEN.
UND HIER DIE ENDGÜLTIGE MANNSCHAFTSAUFSTELLUNG...
JOSEF! DAS SPIEL FÄNGT AN!
!

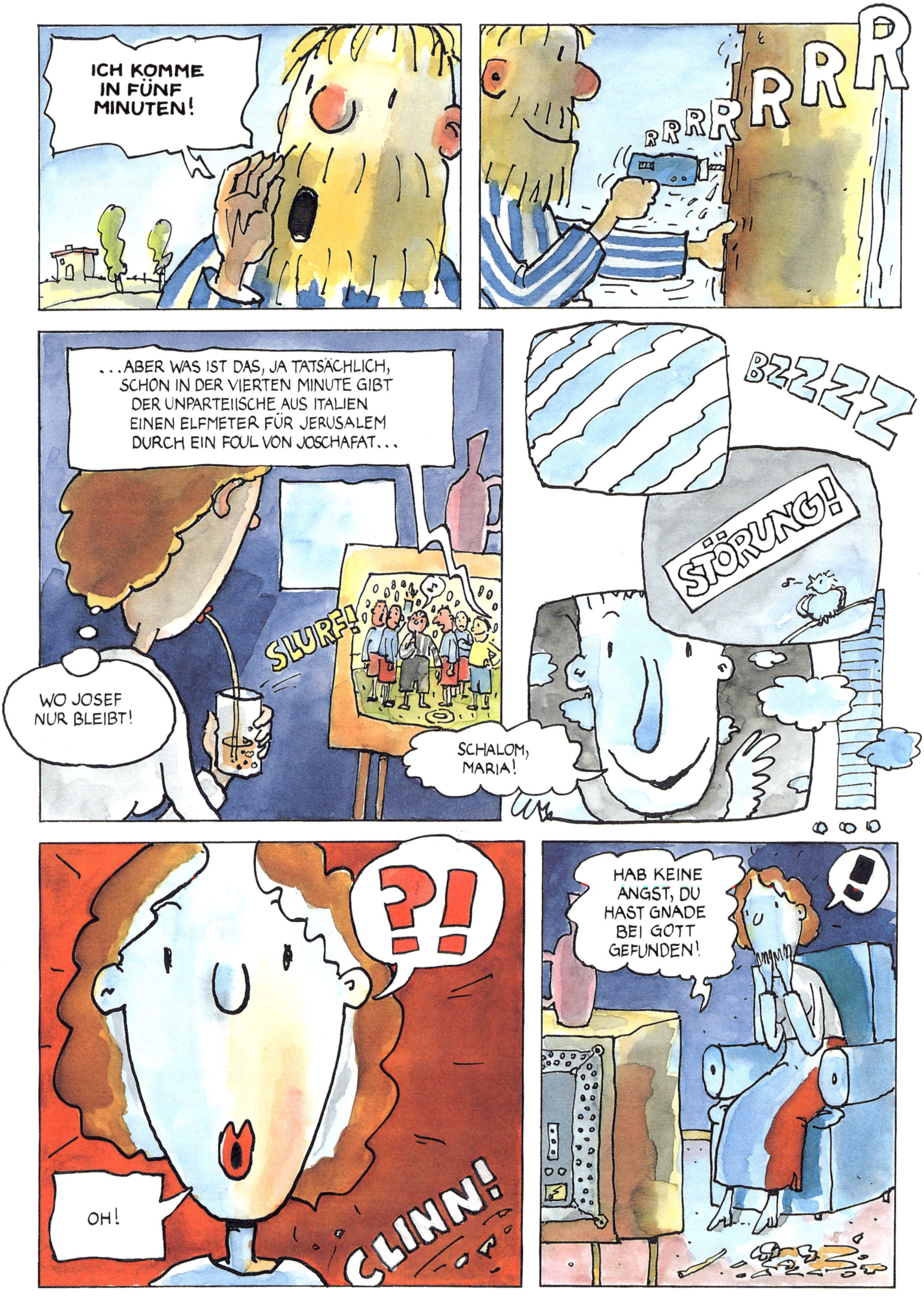
ICH KOMME IN FÜNF MINUTEN!
RRRRRRRR
...ABER WAS IST DAS, JA TATSÄCHLICH, SCHON IN DER VIERTEN MINUTE GIBT DER UNPARTEIISCHE AUS ITALIEN EINEN ELFMETER FÜR JERUSALEM DURCH EIN FOUL VON JOSCHAFAT...
SLURF!
WO JOSEF NUR BLEIBT!
BZZZZ
STÖRUNG!
SCHALOM, MARIA!
?!
OH!
CLINN!
HAB KEINE ANGST, DU HAST GNADE BEI GOTT GEFUNDEN!
!

DU WIRST SCHWANGER WERDEN UND EINEN SOHN ZUR WELT BRINGEN. DEN SOLLST DU JESUS NENNEN.
ICH...?!
ER WIRD GROSS SEIN UND WIRD >SOHN DES HÖCHSTEN< GENANNT WERDEN.
WIE SOLL DAS ZUGEHEN? ICH HAB' DOCH MIT KEINEM MANN GESCHLAFEN!
GOTTES GEIST WIRD ÜBER DICH KOMMEN.
DESHALB WIRD MAN DAS KIND, DAS DU ZUR WELT BRINGST, HEILIG UND >SOHN GOTTES< NENNEN.
....!
FÜR GOTT IST NICHTS UNMÖGLICH.

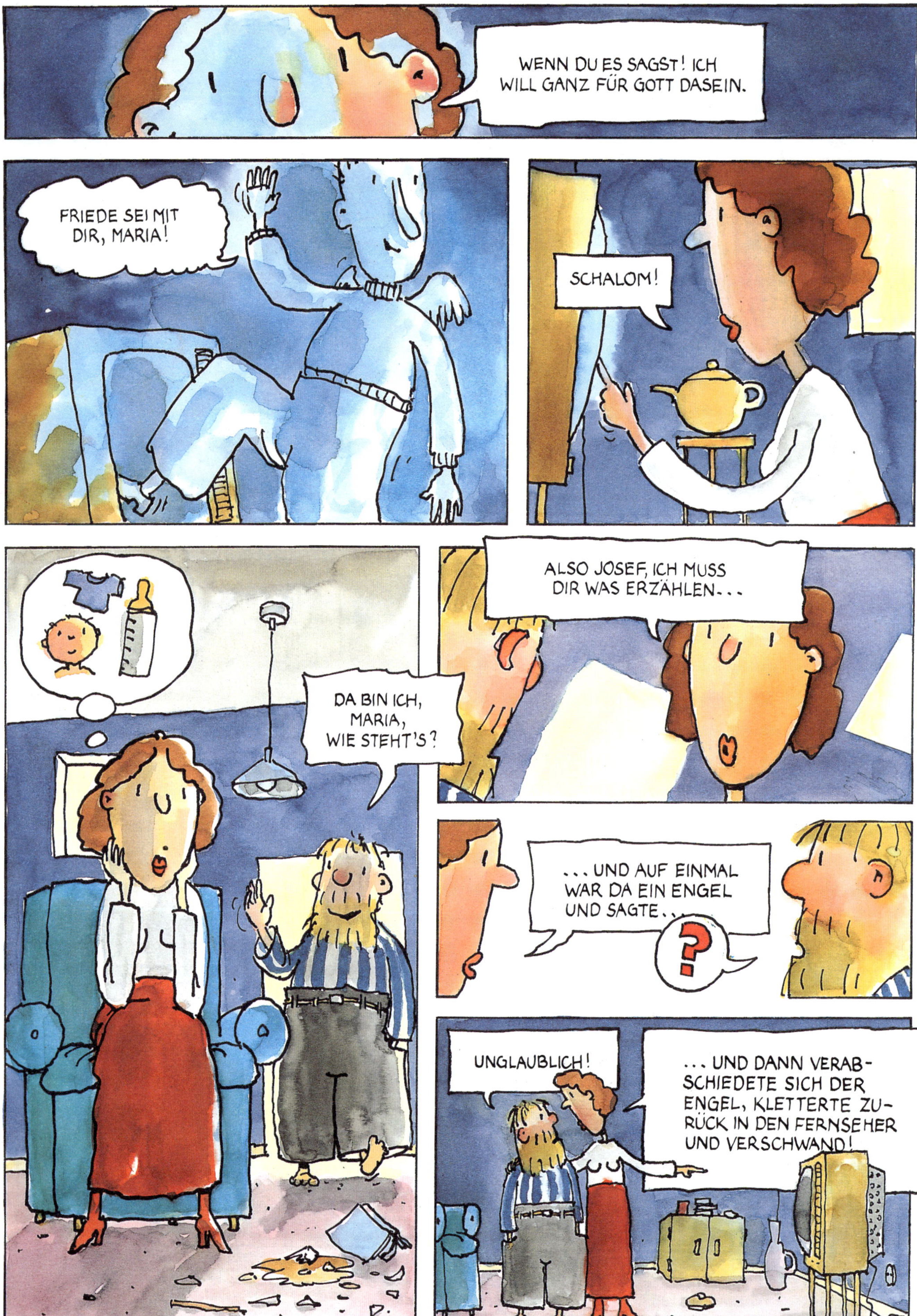
WENN DU ES SAGST! ICH WILL GANZ FÜR GOTT DASEIN.
FRIEDE SEI MIT DIR, MARIA!
SCHALOM!
DA BIN ICH, MARIA, WIE STEHT'S?
ALSO JOSEF, ICH MUSS DIR WAS ERZÄHLEN...
... UND AUF EINMAL WAR DA EIN ENGEL UND SAGTE...
?
UNGLAUBLICH!
... UND DANN VERABSCHIEDETE SICH DER ENGEL, KLETTERTE ZURÜCK IN DEN FERNSEHER UND VERSCHWAND!

9 MONATE SPÄTER
SAG MAL, JOSEF, MÜSSEN WIR UNBEDINGT NACH BETLEHEM UND UNS IN DIE STEUERLISTE EINTRAGEN LASSEN?
TUN WIR KAISER AUGUSTUS DEN GEFALLEN, UND WIR MACHEN UNS DORT EIN PAAR SCHÖNE TAGE!
BETLEHEM!
HIER IST JA EINE MENGE LOS, JOSEF!
JA, JETZT ERLEDIGEN WIR ERST MAL DIE GESCHICHTE MIT DEM FINANZAMT, UND DANN SPENDIERE ICH DIR EIN RIESENEIS!
HOTEL

5 STUNDEN SPÄTER
VIER STUNDEN IM FINANZAMT, MARIA, EHRLICH, MEIN BART IST DOPPELT SO LANG WIE HEUTE MORGEN, ODER!?
ÄRGERE DICH NICHT, JOSEF, ICH MUSS DIR WAS SAGEN.
DAS BABY KOMMT GLEICH, LASS UNS SCHNELL EINE HERBERGE SUCHEN!
!
O.K., SCHATZ!
WROOAA!
INTA
PLAZA

TUT MIR LEID, ES IST KEIN ZIMMER MEHR FREI!
ABER WIR BRAUCHEN DRINGEND EIN ZIMMER, MEINE FRAU BEKOMMT EIN KIND!
WIR HABEN HOCHSAISON, MEIN HERR. DIE GANZE STADT IST AUSGEBUCHT!
MACH DIR KEINE SORGEN, MARIA, WIR FINDEN SCHON WAS, UND WENN'S EIN STALL IST.
SMACK!
NA-1

SCHAU, DA IST EIN STALL!!
UND MARIA BRACHTE EINEN SOHN ZUR WELT, IHREN ERSTGEBORENEN, WICKELTE IHN IN WINDELN UND LEGTE IHN IN EINE FUTTERKRIPPE.
IN DER GEGEND GAB ES AUCH HIRTEN. SIE WAREN IN DER NACHT AUF DEM FELD UND BEWACHTEN IHRE HERDE. DA KAM EIN ENGEL DES HERRN ZU IHNEN UND SAGTE:
HABT KEINE ANGST! ICH BRINGE EUCH EINE GUTE NACHRICHT, ÜBER DIE SICH GANZ ISRAEL FREUEN WIRD. HEUTE WURDE IN DER STADT DAVIDS EUER RETTER GEBOREN, AUF DEN ALLE WARTEN.
GEHT UND SEHT SELBST: ER LIEGT IN WINDELN GEWICKELT IN EINER FUTTERKRIPPE.
EHRE SEI GOTT IN DER HÖHE...
...UND FRIEDE AUF ERDEN BEI DEN MENSCHEN SEINES WOHLGEFALLENS.

HOSIANNA!
TJA, ICH HÄTTE NATÜRLICH AUCH VON DEN DREI STERNDEUTERN ERZÄHLEN KÖNNEN, ABER DAS KANN MAN BEI MEINEM KOLLEGEN MATTHÄUS NACHLESEN, DER IST DA FACHMANN.
WRUFF!

JESUS WUCHS HERAN UND WURDE KRÄFTIG. ER HATTE EIN UNGEWÖHNLICHES VERSTÄNDNIS FÜR DEN WILLEN GOTTES, UND MAN SAH, DASS GOTT IHN LIEBTE.
12
JA, JESUS, WIR SIND BALD DA.
SEINE ELTERN GINGEN JEDES JAHR ZUM PASSAFEST NACH JERUSALEM. ALS JESUS ZWÖLF JAHRE ALT WAR, NAHMEN SIE IHN ZUM ERSTENMAL MIT.
BOOO!
DOO!
RUHIG, INA!
DOO!
TUUU!
TRAA!
TRO!
BÄÄ
NOO!
IAA
DUUO!
DÖO
SCHALOM, JOSEF, AUCH WIEDER HIER?
KLAR! ALLE JAHRE WIEDER!
JESUS IST ABER GROSS GEWORDEN!
ER IST JA AUCH IM DEZEMBER ZWÖLF GEWORDEN.
BÄÄ!
AM NÄCHSTEN MORGEN
SAG MAL JOSEF, WO STECKT EIGENTLICH JESUS?
KEINE AHNUNG!
?
?

!
!
WEISS NICHT!
LEIDER NICHT!
NEINEINEIN!
WO SOLLEN WIR JETZT NOCH SUCHEN?
JESUS!
JESUS VON NAZARET!

KIND, WARUM MACHST DU UNS SOLCHEN KUMMER? DEIN VATER UND ICH HABEN DICH GANZ VERZWEIFELT GESUCHT.
WARUM HABT IHR MICH DENN GESUCHT?
HABT IHR NICHT GEWUSST, DASS ICH IM HAUS MEINES VATERS SEIN MUSS?
?
?
?
?
KANNST DU MIR VIELLEICHT ERKLÄREN, WAS ER DAMIT MEINT?
?
GOLIAT, KOMM!

JETZT ERZÄHLE ICH DIR ETWAS VON JOHANNES DEM TÄUFER.
WRUFF!
ALSO JOHANNES WAR DER SOHN VON ZACHARIAS UND ELISABET UND HIELT SICH IN DER WÜSTE AUF. JESUS WAR INZWISCHEN 30 JAHRE ALT.
WRUFF!
KOMMT!
KOMMT!

KOOOMMT!
LASST EUCH TAUFEN UND FANGT EIN NEUES LEBEN AN, DANN WIRD GOTT EUCH EURE SCHULD VERGEBEN!
ZEIGT DURCH EURE TATEN, DASS IHR EUCH ÄNDERN WOLLT!
WAS SOLLEN WIR DENN TUN?
BERAUBT UND ERPRESST NIEMAND!
HE!
GEBT EUCH MIT EUREM SOLD ZUFRIEDEN!
BIST DU DER RETTER, AUF DEN WIR ALLE WARTEN?

ES KOMMT DER, DER VIEL MÄCHTIGER IST ALS ICH. ICH BIN NICHT GUT GENUG, IHM DIE SCHUHE AUFZUBINDEN. ER WIRD EUCH MIT DEM HEILIGEN GEIST TAUFEN.
DER NÄCHSTE!
ICH SOLL DICH TAUFEN?
GOTT WILL ES SO!

DU BIST MEIN SOHN,
DIR GILT MEINE LIEBE,
DICH HABE ICH ERWÄHLT.
?
?
?
?
?
?
!
MACH'S GUT,
JESUS.
TSCHAU,
JOHANNES!
QUIEE,
QUI!!!

VOM HEILIGEN GEIST ERFÜLLT, VERLIESS JESUS DIE JORDANGEGEND.
WRUFF!
VIERZIG TAGE LANG WURDE ER VOM GEIST IN DER WÜSTE UMHERGETRIEBEN UND VOM TEUFEL AUF DIE PROBE GESTELLT.
JAPS!
DIE GANZE ZEIT HINDURCH ASS ER NICHTS, SO DASS ER SCHLIESSLICH SEHR HUNGRIG WAR.

PSSST!
WENN DU GOTTES SOHN BIST...
... DANN BEFIEHL DOCH DIESEM STEIN HIER...
...ER SOLL ZU BROT WERDEN!
IN DEN HEILIGEN SCHRIFTEN STEHT:
>> DER MENSCH LEBT NICHT ALLEIN VOM BROT.«

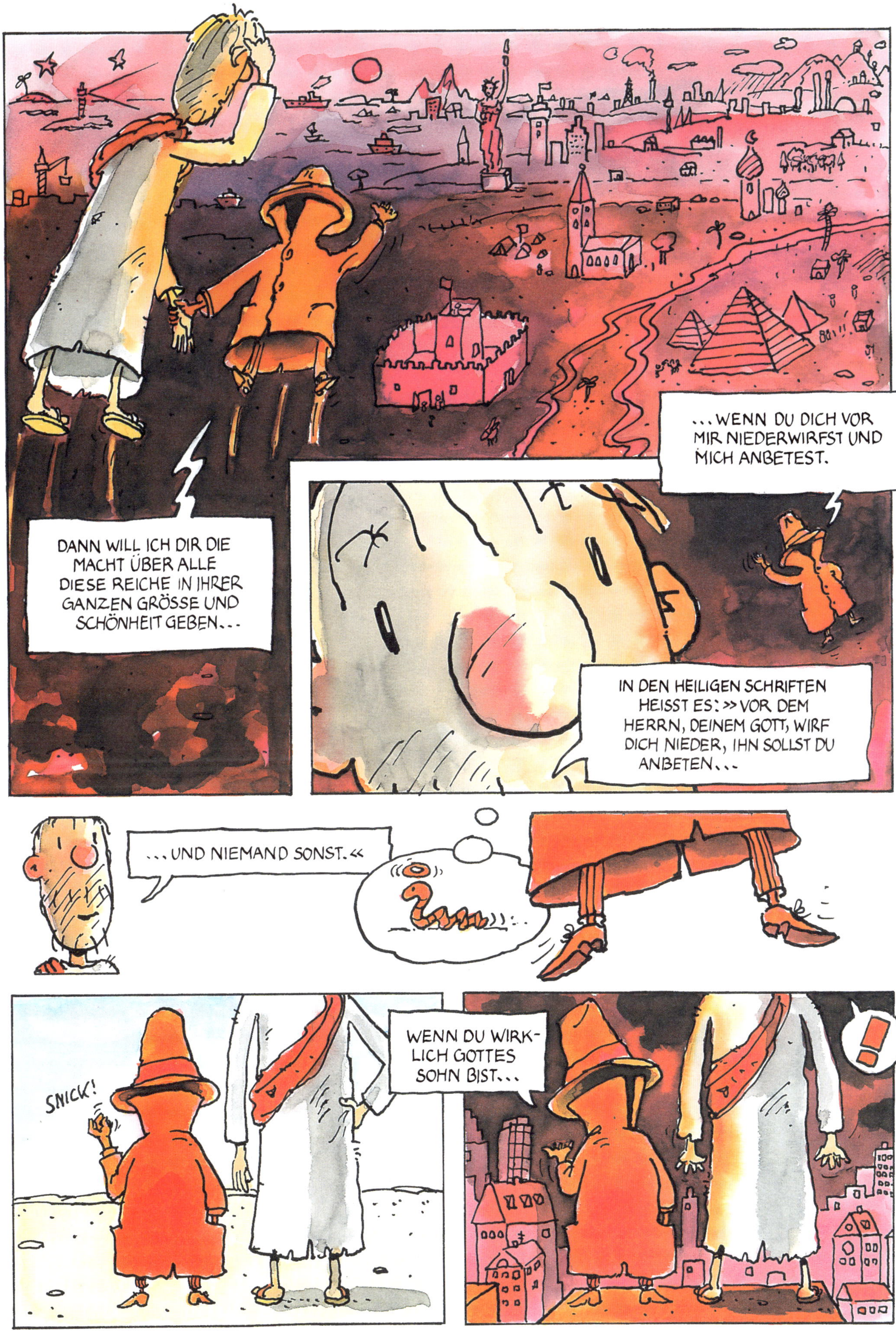
…WENN DU DICH VOR MIR NIEDERWIRFST UND MICH ANBETEST.
DANN WILL ICH DIR DIE MACHT ÜBER ALLE DIESE REICHE IN IHRER GANZEN GRÖSSE UND SCHÖNHEIT GEBEN…
IN DEN HEILIGEN SCHRIFTEN HEISST ES: »VOR DEM HERRN, DEINEM GOTT, WIRF DICH NIEDER, IHN SOLLST DU ANBETEN…
…UND NIEMAND SONST.«
SNICK!
WENN DU WIRKLICH GOTTES SOHN BIST…
!

...DANN SPRING DOCH HINUNTER; DENN IN DEN HEILIGEN SCHRIFTEN STEHT: »GOTT WIRD SEINEN ENGELN BEFEHLEN, DICH ZU BESCHÜTZEN.«
ES HEISST IN DEN HEILIGEN SCHRIFTEN AUCH: »DU SOLLST DEN HERRN, DEINEN GOTT...
...NICHT HERAUSFORDERN!«
WIR SEHEN UNS WIEDER!!
ZAPP!

ERFÜLLT MIT DER KRAFT DES HEILIGEN GEISTES, KEHRTE JESUS NACH GALILÄA ZURÜCK. MAN SPRACH VON IHM IN DER GANZEN GEGEND.
EINES TAGES STAND JESUS AM UFER DES SEES GENNESARET. DIE MENSCHEN DRÄNGTEN SICH UM IHN UND WOLLTEN GOTTES BOTSCHAFT HÖREN.
LIEBT EURE FEINDE; TUT DENEN GUTES, DIE EUCH HASSEN; SEGNET DIE, DIE EUCH VERFLUCHEN, UND BETET FÜR ALLE, DIE EUCH SCHLECHT BEHANDELN.
BEHANDELT JEDEN SO, WIE IHR SELBST VON IHM BEHANDELT SEIN WOLLT.
GUTEN TAG, SIMON!
HALLO!
MINDESTENS 25°!
FAHR MICH BITTE EIN KLEINES STÜCK VOM UFER WEG!
NA GUT, MACH ICH.

VON HIER AUS KANN ICH BESSER ZU DEN LEUTEN SPRECHEN.
TUT GUTES UND LEIHT, OHNE ETWAS ZURÜCKZUERWARTEN!
DANN BEKOMMT IHR REICHEN LOHN: IHR WERDET ZU KINDERN DES HÖCHSTEN.
WERDET BARMHERZIG, SO WIE EUER VATER BARMHERZIG IST!
JETZT FAHR HINAUS AUF DEN SEE UND WIRF MIT DEINEN LEUTEN DIE NETZE ZUM FANG AUS!
WIR HABEN UNS SCHON DIE GANZE NACHT ABGEMÜHT UND NICHTS GEFANGEN.
UND WIR SIND MÜDE UND WOLLEN INS BETT!
ABER WEIL DU ES SAGST, WILL ICH DIE NETZE...
...NOCH EINMAL AUSWERFEN!

JESUS! DA ZAPPELT SCHON WAS IM NETZ!
?
DAS GING JA FLOTT!
DANN ZIEH ES HERAUF.
HELFT MIR!
HAU RUCK! HAU...
FLATSCH!!
?
...RUCK!
JETZT LASST UNS DEN FANG AN LAND BRINGEN!
!
!?
HERR, GEH FORT VON MIR! ICH BIN EIN SÜNDIGER MENSCH.
HAB KEINE ANGST! VON JETZT AN WIRST DU MENSCHEN FISCHEN.

VIELE LEUTE WOLLTEN NUN JESUS HÖREN UND SICH VON IHREN KRANKHEITEN HEILEN LASSEN. ALLE, DIE VON BÖSEN GEISTERN BESESSEN WAREN, WURDEN VON IHNEN BEFREIT. JEDER WOLLTE...
... JESUS BERÜHREN. DENN ES GING HEILENDE KRAFT VON IHM AUS UND MACHTE ALLE GESUND.
FREUT EUCH, IHR ARMEN! IHR WERDET MIT GOTT IN DER NEUEN WELT LEBEN.
FREUT EUCH, DIE IHR JETZT HUNGER HABT! GOTT WIRD EUCH SATT MACHEN.
VOR DER TÜR UND DEN FENSTERN STEHEN DIE LEUTE. WIR MÜSSEN AUFS DACH KLETTERN.
FREUT EUCH, DIE IHR JETZT WEINT! BALD WERDET IHR LACHEN.
ORA

KEINE ANGST, SAM, GLEICH HABEN WIR DICH OBEN!
HERR, MACH MICH GESUND!
JESUS, HILF IHM!
MEISTER, BITTE!
DEINE SCHULD IST DIR VERGEBEN!
WER IST DAS, DASS ER EINE SOLCHE GOTTESLÄSTERUNG AUSZUSPRECHEN WAGT! NIEMAND AUSSER GOTT KANN UNS UNSERE SCHULD VERGEBEN!
GENAU!
RICHTIG!
WAS IST LEICHTER ZU SAGEN: »DEINE SCHULD IST DIR VERGEBEN«, ODER: »STEH AUF UND GEH«? ABER IHR SOLLT SEHEN, DASS DER MENSCHENSOHN VON GOTT...
... DIE VOLLMACHT HAT, HIER AUF DER ERDE SCHULD ZU VERGEBEN.

ICH BEFEHLE DIR:
STEH AUF, NIMM DEIN BETT
UND GEH NACH HAUSE!
DEN MÜSSEN WIR
IM AUGE BEHALTEN!
!
!
!
OH!
!
!
UNGLAUBLICHE DINGE HABEN WIR HEUTE ERLEBT!
JA!

ZOLL
HALT!
ZOLL
HABT IHR WAS ZU VERZOLLEN?
LEERE TASCHEN!
LEVI, GIB DEINEN POSTEN AUF UND...
...GEH MIT MIR!
O.K.

ABER ERST FEIERN WIR EIN FEST! ICH LADE NOCH EIN PAAR FREUNDE EIN.
ZOLL
JA, ARI, JA, ICH KÜNDIGE; NEIN, ERZÄHL ICH DIR HEUTE ABEND. BRING WAS ZU TRINKEN MIT! UND SAG ESTER BESCHEID...
WARUM ESST UND TRINKT IHR MIT DEN ZOLLEINNEHMERN UND ÄHNLICHEM GESINDEL?
JA, WARUM?
NICHT DIE GESUNDEN BRAUCHEN DEN ARZT, SONDERN DIE KRANKEN.
ICH BIN GEKOMMEN, UM DIE SÜNDER ZUR UMKEHR ZU RUFEN UND NICHT DIE GERECHTEN.

JAU!
JESUS RIEF SEINE JÜNGER ZU SICH UND WÄHLTE AUS IHNEN ZWÖLF AUS, DIE ER APOSTEL NANNTE. ES WAREN (VON LINKS OBEN NACH RECHTS UNTEN): SIMON PETRUS, ANDREAS, PHILIPPUS, JOHANNES, JAKOBUS, BARTHOLOMÄUS, MATTHÄUS, THOMAS, JAKOBUS, DER SOHN VON ALPHÄUS, SIMON DER ZELOT, JUDAS, DER SOHN VON JAKOBUS, UND JUDAS ISKARIOT.
BALD DARAUF GINGEN JESUS UND SEINE JÜNGER NACH NAÏN.
DA KOMMT EIN TRAUERZUG AUS DER STADT.

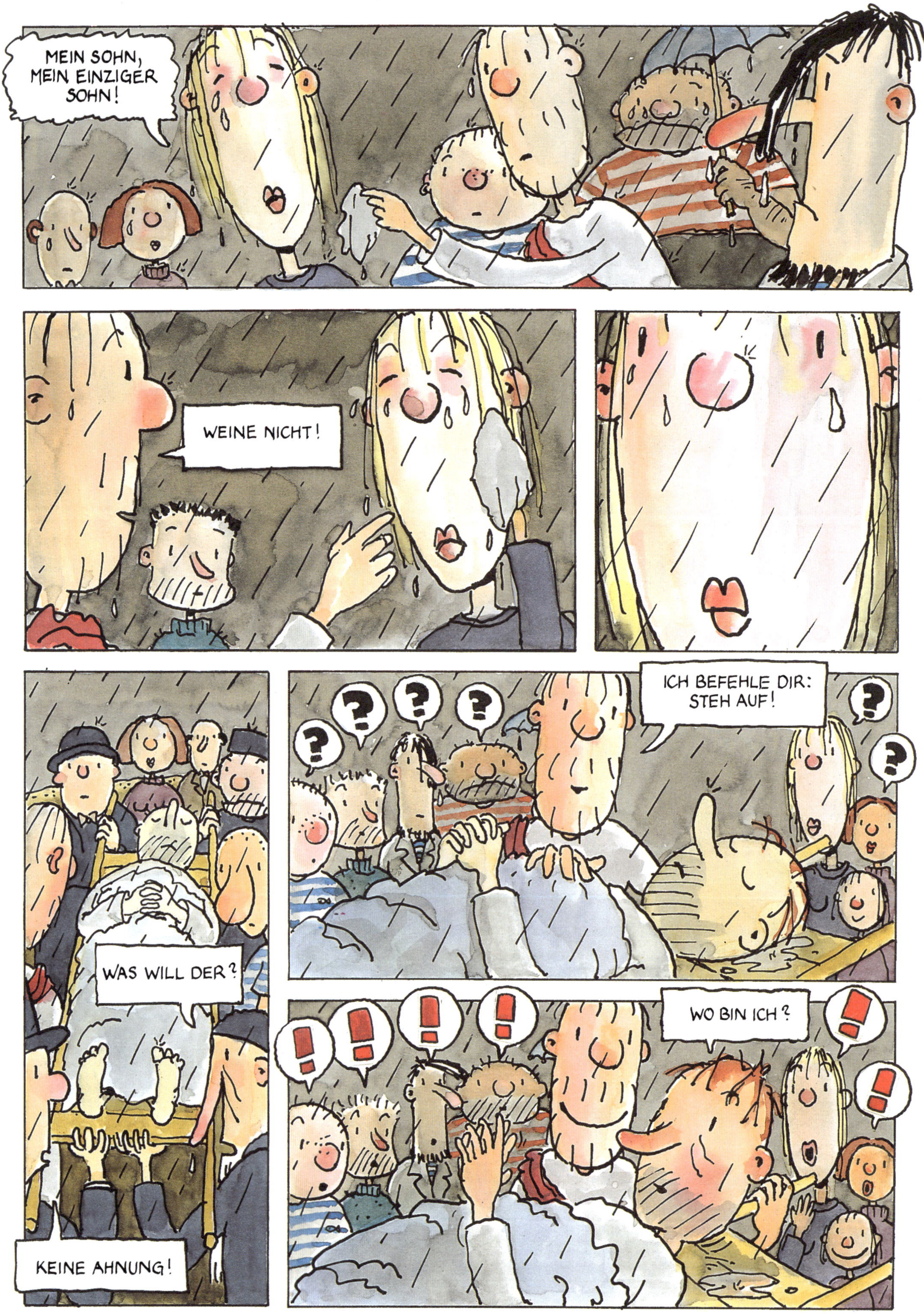
MEIN SOHN, MEIN EINZIGER SOHN!
WEINE NICHT!
ICH BEFEHLE DIR: STEH AUF!
WAS WILL DER?
KEINE AHNUNG!
WO BIN ICH?

EIN GROSSER PROPHET IST UNTER UNS AUFGETRETEN!
GOTT SELBST IST SEINEM VOLK ZU HILFE GEKOMMEN!
HALLELUJA!
DARF ICH DICH UND DEINE JÜNGER ZU MIR EINLADEN?
KLAR!
TAGS DARAUF
EIS
WO IST JESUS HINGEGANGEN?
ER WOLLTE SICH DIE STADT ANSCHAUEN.
MACH SCHON, JAKOBUS!
IMMER MIT DER RUHE, PETRUS.

HOTEL
GESUCHT
BARABBAS
10 $
ÄÄHHEM
?
MEISTER?
?
ICH HEISSE SIMON. MÖCHTEST DU MIT MEINER FAMILIE UND MIR ZU ABEND ESSEN?
JA, GERNE!

HIER ENTLANG, MEISTER!
MEINE TOCHTER!
SIMON
GUTEN ABEND!
BITTE, NIMM PLATZ!
DANKE FÜR DIE EINLADUNG!
SIMONE! NICHT VOM TISCH!
?
!
?
SCHLUCHZ!

SCHLUCHZ!

WENN ER WIRKLICH EIN PROPHET WÄRE, WÜSSTE ER, WAS FÜR EINE DAS IST: DASS ER SICH VON EINER PROSTITUIERTEN ANFASSEN LÄSST!
SIMON, ICH MUSS DIR ETWAS SAGEN!
JA HERR, SPRICH NUR!
ZWEI MÄNNER HATTEN SCHULDEN BEI EINEM GELDVERLEIHER. DER EINE SCHULDETE IHM FÜNFHUNDERT SILBERSTÜCKE, DER ANDERE FÜNFZIG. WEIL KEINER VON IHNEN ZAHLEN KONNTE, ERLIESS ER BEIDEN IHRE SCHULDEN. WELCHER VON IHNEN WAR WOHL DANKBARER?
ICH NEHME AN, DER MANN, DER IHM MEHR GESCHULDET HAT.
DU HAST RECHT.
SIEH DIESE FRAU AN! ICH KAM IN DEIN HAUS, UND DU HAST MIR KEIN WASSER FÜR DIE FÜSSE GEREICHT. SIE ABER HAT MIR DIE FÜSSE MIT TRÄNEN GEWASCHEN UND MIT IHREN HAAREN GETROCKNET...
...DARUM VERSICHERE ICH DIR: IHRE GROSSE SCHULD IST IHR VERGEBEN WORDEN.
DIE IST IMMER NOCH DRINNEN!
JA!
DAS ZEIGT SICH AN DER LIEBE, DIE SIE MIR ERWIESEN HAT.
DEINE SCHULD IST DIR VERGEBEN!
DANKE!
WAS IST DAS FÜR EIN MENSCH, DASS ER SOGAR SÜNDEN VERGIBT?

GEH IN FRIEDEN!
EINES TAGES STIEG JESUS MIT SEINEN JÜNGERN IN EIN BOOT.
GGRRRRRRRRR
QUIIÄÄ!
KOMMT SCHON! WIR FAHREN ANS ANDERE UFER!
NACH IHNEN, MEIN VEREHRTER JAKOBUS!
ABER NICHT DOCH, GESCHÄTZTER JOHANNES!

FREUNDE, ICH RUH' MICH EIN BISSCHEN AUS!
DAS SCHAUKELT ABER GANZ SCHÖN!
PETRUS, WECK SOFORT JESUS AUF!
.. RR
KR
R
RRR

PETRUS, MACH SCHON!
HERR, WIR GEHEN UNTER!
JESUS!
HILF UNS!
AAAH!
WIR ERTRINKEN!

STILL!
GERETTET!
WO WAR EUER VERTRAUEN?
OH!
WAS IST DAS FÜR EIN MENSCH? ER BEFIEHLT DEM WIND UND DEN WELLEN, UND SIE GEHORCHEN IHM!
HE, JAKOBUS, DA TREIBT DEIN HUT!

HERODES, DER FÜRST JENER GEGEND, HÖRTE VON ALL DIESEN VORGÄNGEN. ER WUSSTE NICHT, WAS ER DAVON HALTEN SOLLTE.
DIE LEUTE SAGEN, DER TÄUFER JOHANNES IST VOM TOD AUFERSTANDEN!
ANDERE MEINEN, ELIJA SEI VOM HIMMEL ZURÜCKGEKOMMEN ...
... UND WIEDER ANDERE, EINER DER ALTEN PROPHETEN SEI AUFERSTANDEN. JOHANNES HABE ICH DEN KOPF ABSCHLAGEN LASSEN.
WER IST ALSO DIESER MANN, VON DEM ICH SOLCHE DINGE HÖRE?

JESUS RIEF DIE ZWÖLF JÜNGER ZUSAMMEN UND GAB IHNEN VOLLMACHT, ALLE BÖSEN GEISTER AUSZUTREIBEN UND KRANKHEITEN ZU HEILEN. ER SANDTE SIE AUS MIT DEM AUFTRAG: VERKÜNDET, DASS GOTT JETZT SEINE HERRSCHAFT AUFRICHTEN UND SEIN WERK VOLLENDEN WILL, UND HEILT DIE KRANKEN! NEHMT NICHTS AUF DEN WEG MIT, KEINEN WANDERSTOCK, KEINE VORRATSTASCHE, KEIN BROT, KEIN GELD UND KEIN ZWEITES HEMD.
GRRRRR, WROOF!
VERSCHWINDE!
UUHGRPF!
JESUS! WIR HABEN KRANKE GEHEILT!
JESUS, DEINE JÜNGER KOMMEN ZURÜCK!
UND BÖSE GEISTER AUSGETRIEBEN!
NICHT DARÜBER SOLLT IHR JUBELN, DASS EUCH DIE BÖSEN GEISTER GEHORCHEN. FREUT EUCH LIEBER DARÜBER, DASS EURE NAMEN BEI GOTT AUFGESCHRIEBEN SIND.
ICH WILL EUCH EINE GESCHICHTE ERZÄHLEN, DIE ZEIGT, WIE WICHTIG JEDER EINZELNE MENSCH FÜR GOTT IST: STELLT EUCH VOR, EINER VON EUCH HAT HUNDERT SCHAFE, UND EINES DAVON VERLÄUFT SICH...
96, 97, 98, 99...

BÄÄÄ!
ANNA!
FREUT EUCH MIT MIR, ICH HABE MEIN VERLORENES SCHAF WIEDERGEFUNDEN!
BÄÄÄ!
BÄÄ!
ICH SAGE EUCH: GENAUSO IST BEI GOTT IM HIMMEL MEHR FREUDE ÜBER EINEN SÜNDER, DER EIN NEUES LEBEN ANFÄNGT, ALS ÜBER NEUNUNDNEUNZIG ANDERE, DIE DAS NICHT NÖTIG HABEN.
ES IST SPÄT, UND DIE LEUTE SIND HUNGRIG. SCHICK SIE WEG, DASS SIE NOCH ETWAS ZU ESSEN BEKOMMEN.
RABÄÄ!
GEBT DOCH IHR IHNEN ZU ESSEN!
?
?
WIR HABEN ABER NUR FÜNF BROTE UND ZWEI FISCHE!
?
?
?
SORGT DAFÜR, DASS DIE LEUTE SICH HINSETZEN, IN GRUPPEN VON JEWEILS FÜNFZIG!

VATER, SEGNE DIESE SPEISEN!
DANKE, VATER!
JETZT TEILT DAS ESSEN AUS!
DANKE!
GUTEN APPETIT !!!

ES BLIEB SOGAR NOCH SO-
VIEL ÜBRIG, DASS MAN
ZWÖLF KÖRBE DAMIT
FÜLLEN KONNTE.
GRRR!
JA, JA, SO WAR
DAS DAMALS...
JAU!
GUTE NACHT,
GOLIAT.
MORGEN MEHR
DAVON!
KLICK!
WRUFF!
NEIN, GOLIAT!
NEIN!!
ENDE DES
1. TEILS